Impressum
Verlag: BABADADA GmbH, Nedderfeld 112 , 22529 Hamburg
Geschäftsführer / Verlagsleitung: Harald Hof
Druck: Books on Demand GmbH, In de Tarpen 42, 22848 Norderstedt

Imprint
Publisher: BABADADA GmbH, Nedderfeld 112 , 22529 Hamburg, Germany
Managing Director / Publishing direction: Harald Hof
Print: Books on Demand GmbH, In de Tarpen 42, 22848 Norderstedt

мәктәп

學校

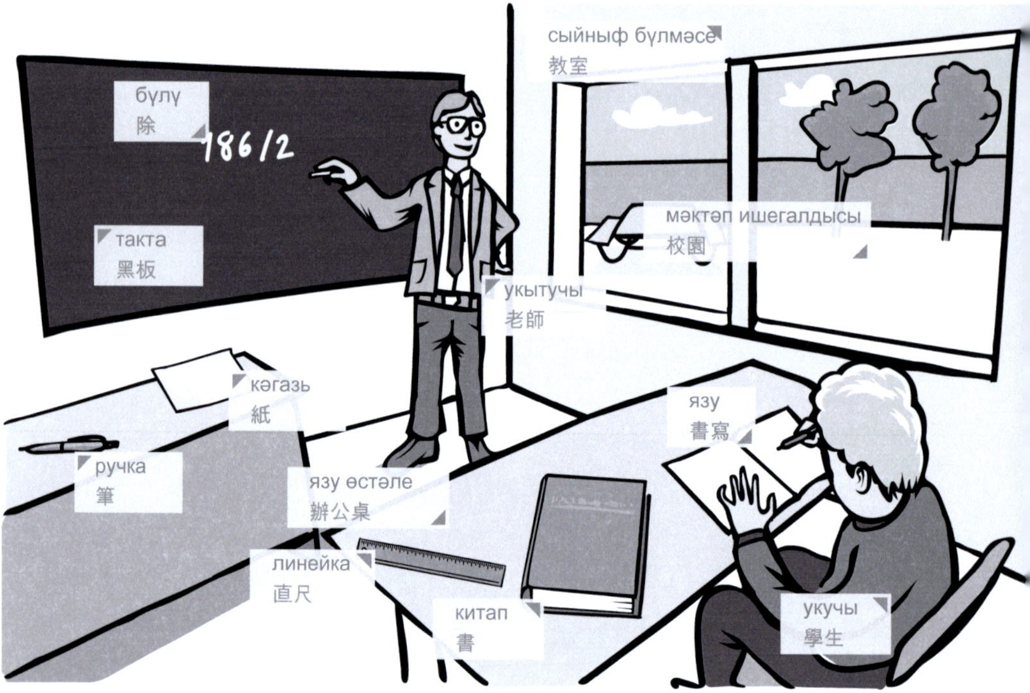

сыйныф бүлмәсе
教室
бүлү
除
186/2
такта
黑板
мәктәп ишегалдысы
校園
укытучы
老師
кәгазь
紙
язу
書寫
ручка
筆
язу өстәле
辦公桌
линейка
直尺
китап
書
укучы
學生

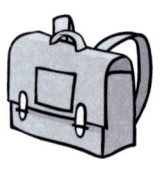

букча

書包

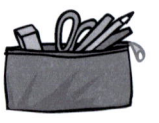

пенал

鉛筆盒

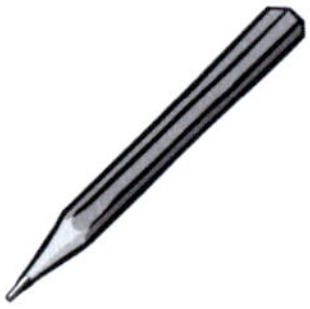

каләм

鉛筆

каләм очлагыч

削鉛筆機

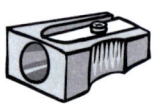

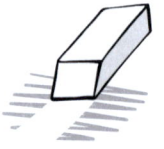

бетергеч

橡皮擦

рәсем ясау өчен альбом

畫板

рәсем

圖畫

кисточка

畫筆

буяулар тартмасы

顏料盒

кайчы

剪刀

җилем

膠水

дәфтәр

練習冊

өйгә эш

家庭作業

сан

數字

кушу

加

алу

減

тапкырлау

乘

исәпләү

計算

хәреф

字母

алфавит

字母表

сүз

字

текст

課文

уку

讀

акбур

粉筆

дәрес

上課

сыйныф журналы

登記

имтихан

考試

диплом

證書

мәктәп формасы

校服

мәгариф

教育

энциклопедия

百科全書

университет

大學

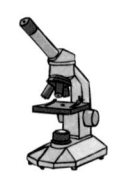

микроскоп

顯微鏡

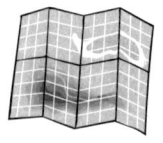

карта

地圖

кәгазь өчен кәрҗин

廢紙簍

сәяхәт
旅行

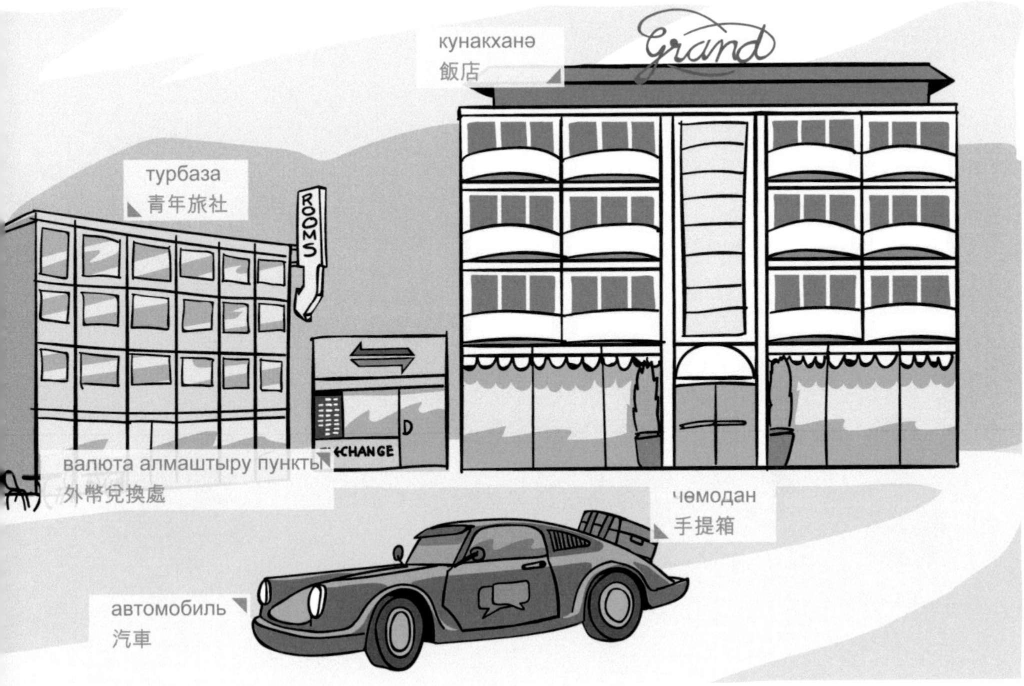

кунакханә
飯店
Grand
турбаза
青年旅社
ROOMS
валюта алмаштыру пункты
外幣兌換處
CHANGE
чемодан
手提箱
автомобиль
汽車

тел

語言

әйе / юк

是/否

яхшы

好的

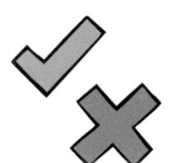

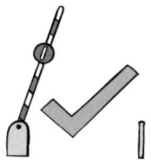

сәлам

您好

тәрҗемәче

翻譯人員

Рәхмәт

謝謝

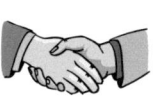

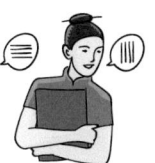

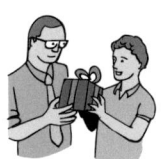

Күпме тора...?

......多少錢？

Мин аңламыйм

我不明白

проблема

問題

Хәерле кич!

晚上好！

Хәерле иртә!

早上好！

Тыныч йокы!

晚安！

хушыгыз

再見

юнәлеш

方向

багаж

行李

букча

包

рюкзак

背包

кунак

客人

бүлмә

房間

йоклар өчен капчык

睡袋

палатка

帳蓬

туристик мәгълүмат

旅行資訊

пляж

海灘

кредит картасы

信用卡

иртәнге аш

早餐

төш

午餐

кичке аш

晚餐

билет

票

лифт

電梯

почта маркасы

郵票

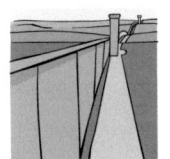

чик

邊界

таможня

海關

илчелек

大使館

виза

簽證

паспорт

護照

транспорт

交通運送

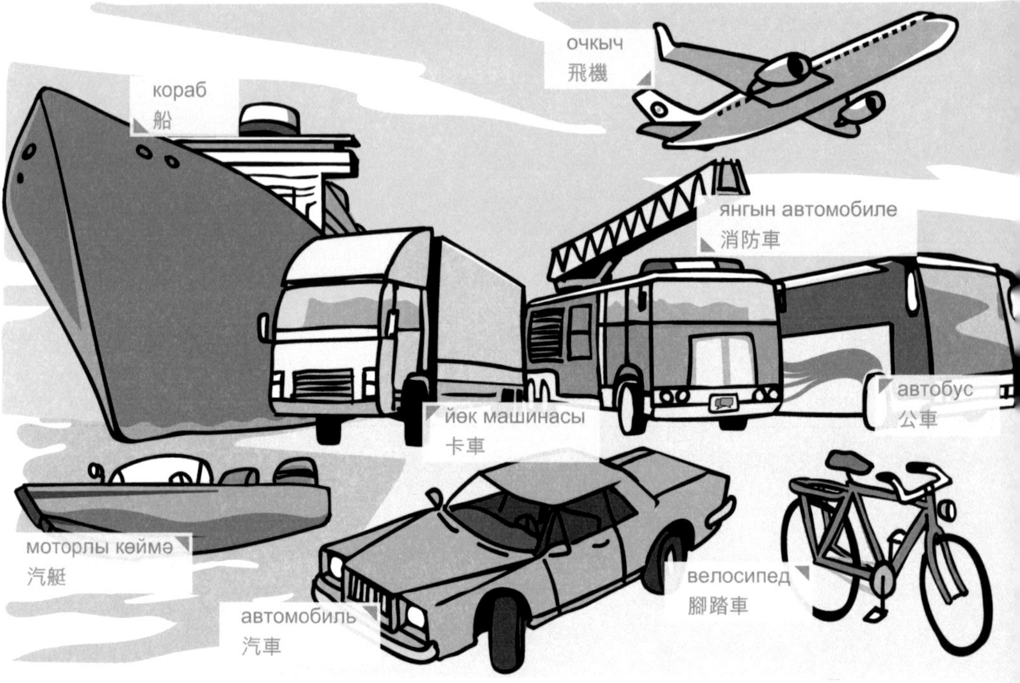
очкыч
飛機
кораб
船
янгын автомобиле
消防車
автобус
公車
йөк машинасы
卡車
моторлы көймә
汽艇
велосипед
腳踏車
автомобиль
汽車

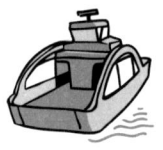

паром

渡輪

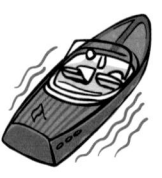

көймә

小船

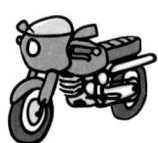

мотоцикл

機車

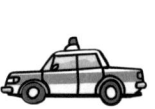

полиция автомобиле

警車

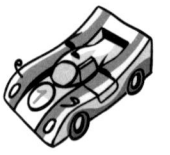

узыш автомобиле

賽車

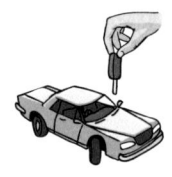

вакытлыча алып торган автомобиль

租車

Автомобильләр белән
уртак файдалану

拼車

буксирлау автомобиле

拖車

чүп ташучы

垃圾車

двигатель

馬達

ягулык

汽油

заправка

加油站

юл билгесе

交通標識

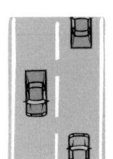

хәрәкәт

交通

бөке

交通堵塞

автомобиль туктапышы

停車場

вокзал

火車站

рельслар

軌道

поезд

火車

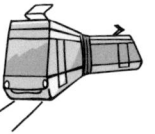

трамвай

路面電車

вагон

客車廂

вертолет

直升機

аэропорт

機場

каланча

塔

юлчы

乘客

контейнер

集裝箱

тартма

紙板箱

арба

手推車

кәрзинкә

籃子

очу / җиргә төшу

起飛/降落

шәһәр

城市

авыл

村莊

шәһәр үзәге

市中心

йорт

房子

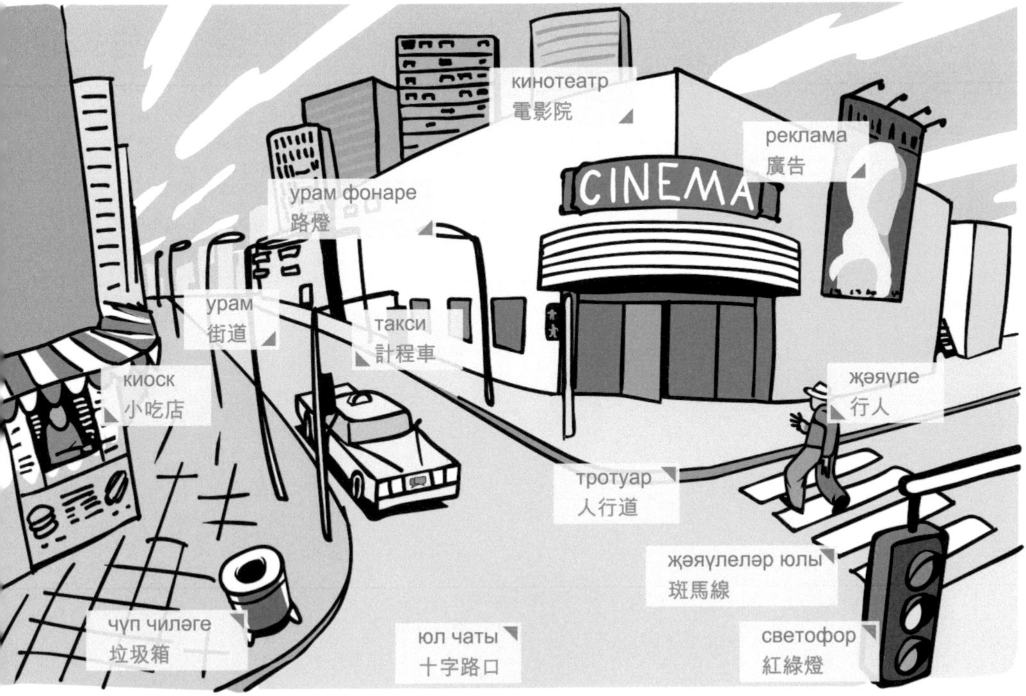

кинотеатр
電影院
реклама
廣告
CINEMA
урам фонаре
路燈
урам
街道
такси
計程車
киоск
小吃店
җәяүле
行人
тротуар
人行道
җәяүлеләр юлы
斑馬線
чүп чиләге
垃圾箱
юл чаты
十字路口
светофор
紅綠燈

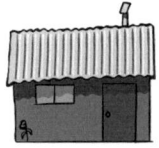

алачык

小屋

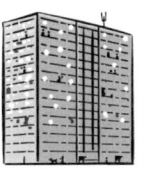

фатир

公寓

вокзал

火車站

ратуша

市政廳

MUSEUM

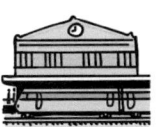

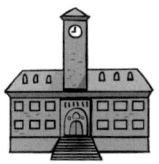

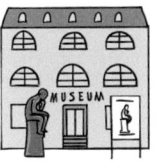

музей

博物館

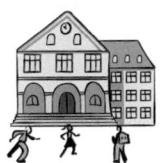

мәктәп

學校

университет

大學

банк

銀行

хастаханә

醫院

кунакханә

飯店

даруханә

藥房

офис

辦公室

китап кибете

書店

кибет

商店

чәчәк кибете

花店

супермаркет

超市

базар

市場

универмаг

百貨商店

балык кибете

魚店

сәүдә үзәге

購物中心

порт

海港

парк

公園

эскәмия

長凳

күпер

橋

баскыч

樓梯

метро

捷運

тоннель

隧道

автобус тукталышы

公車站

бар

酒吧

ресторан

餐館

почта тартмасы

郵筒

урам исеме язылган такта

路標

паркометр

停車計時器

зоопарк

動物園

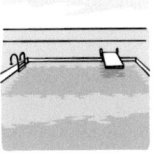

бассейн

游泳池

мәчет

清真寺

ферма

農場

әйләнә-тирә мохитне
пычрату

污染

зират

墓地

чиркәү

教堂

балалар мәйданчыгы

操場

гыйбадәтханә

寺廟

ландшафт
地形

бит
樹葉

юл күрсәткече
指示牌

юл
路

болын
草地

таш
石頭

агач
樹

сәяхәтче
徒步旅行者

елга
河

үлән
草

чәчәк
花

үзән

峽谷

тау

丘陵

күл

湖

урман

森林

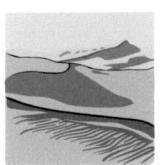

чүл

沙漠

вулкан

火山

йозак

城堡

салават күпере

彩虹

гөмбә

蘑菇

пальма

棕櫚樹

черки

蚊子

чебен

蒼蠅

кырмыска

螞蟻

корт

蜜蜂

үрмәкүч

蜘蛛

коңгыз

甲蟲

бака

青蛙

тиен

松鼠

керпе

刺蝟

куян

野兔

ябалак

貓頭鷹

кош

鳥

аккош

天鵝

кабан дуңгызы

野豬

болан

鹿

поши

麋鹿

буа

水壩

җил генераторы

風力發電機

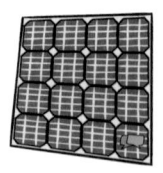

кояш батареясы

太陽能電池板

климат

氣候

ресторан
餐館

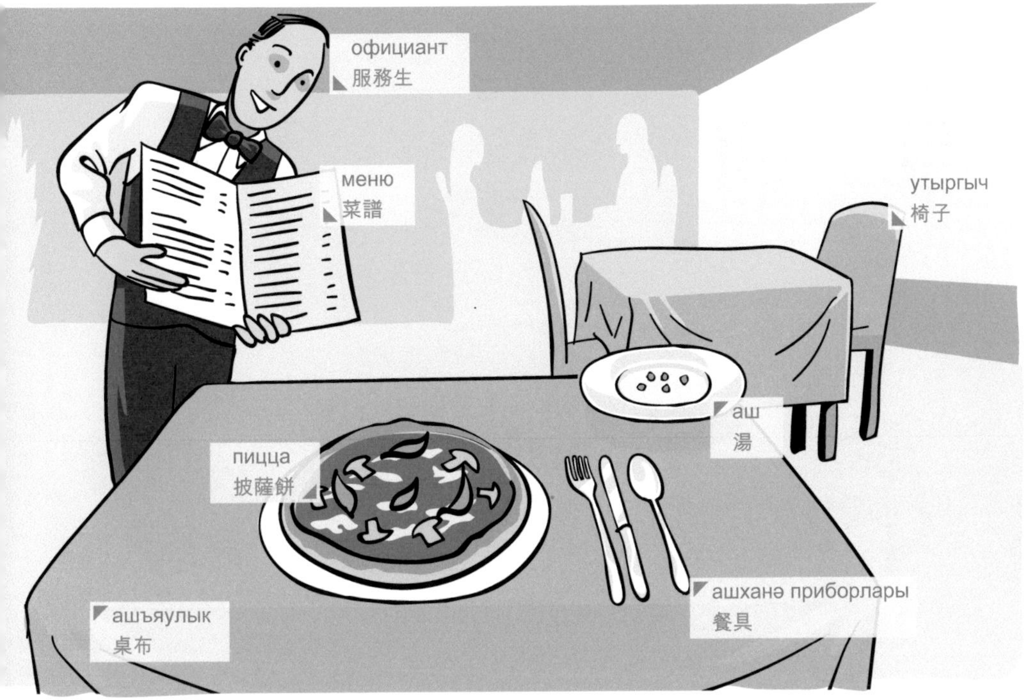
официант
服務生
меню
菜譜
утыргыч
椅子
аш
湯
пицца
披薩餅
ашханә приборлары
餐具
ашъяулык
桌布

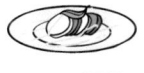

кабымлык

前菜

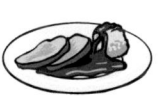

төп ашамлык

主菜

десерт

甜點

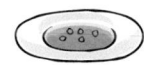

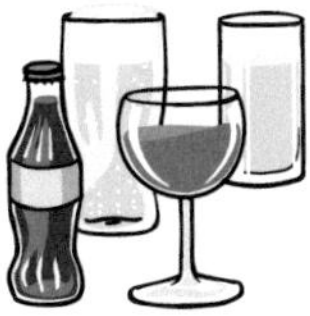

эчемлекләр

飲料

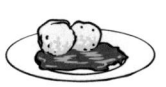

азык

食物

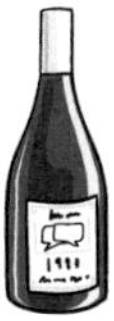

шешә

瓶子

фастфуд

速食

урам ризыгы

街邊小吃

чәйнек

茶壺

шикәр савыты

糖盒

күләм

一份飯菜

кофе кайнаткыч

義式咖啡機

балалар урындыгы

高腳椅

исәпләү

帳單

поднос

托盤

пычак

刀

чәнечке

餐叉

кашык

勺子

чәй кашыгы

茶匙

салфетка

餐巾

стакан

玻璃杯

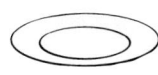

тәлинкә

碟子

аш тәлинкәсе

湯盤

чәй тәлинкәсе

碟子

соус

醬

тоз савыты

鹽瓶

борыч ваклагыч

胡椒研磨罐

серкә

醋

сыек май

食用油

тәмләткеч

調味料

кетчуп

番茄醬

горчица

芥末

майонез

美乃滋

супермаркет
超市

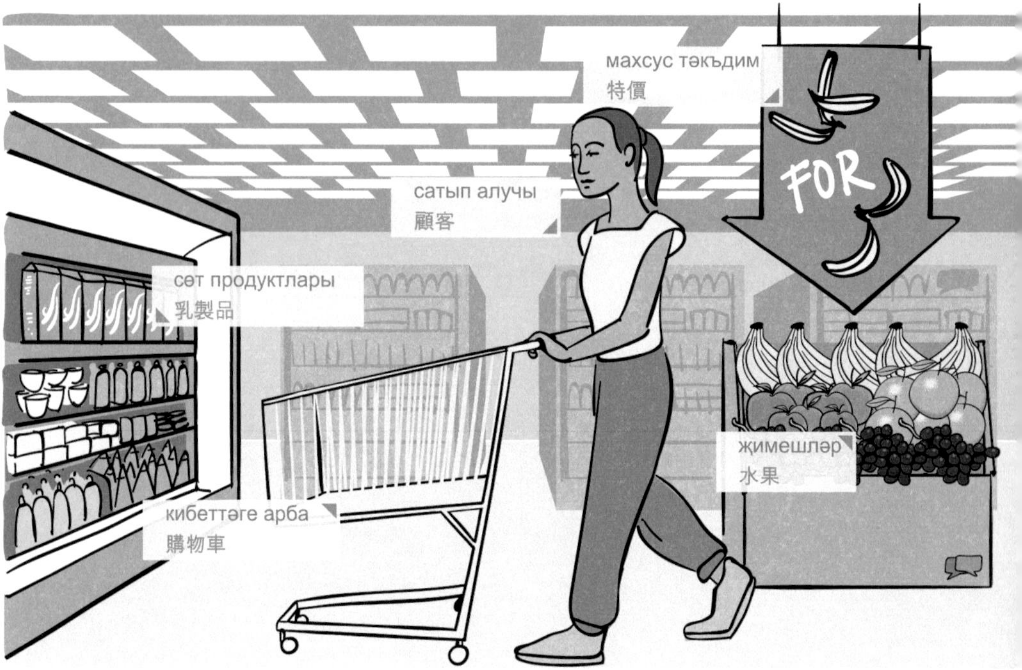

махсус тәкъдим
特價
FOR
сатып алучы
顧客
сөт продуктлары
乳製品
җимешләр
水果
кибеттәге арба
購物車

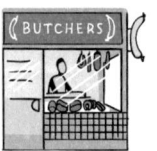

BUTCHERS

ит кибете

肉鋪

BAKERY

икмәк пешерү йорты

麵包店

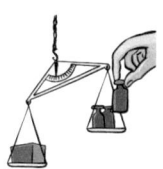

килү

稱重

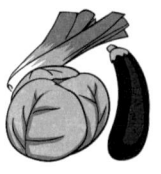

яшелчә

蔬菜

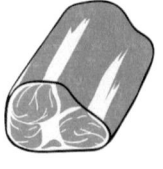

ит

肉

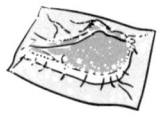

туңдырылган продуктлар

冷凍食品

кисәкле ит

冷盤

консервалар

罐頭食品

кер юу порошогы

洗衣粉

тәм-томнар

甜食

көнкүреш җиһазлары

日用品

юу әйбере

清潔用品

хатын-кыз сатучы

銷售員

касса

收銀機

кассир

收銀員

сатып алган әйберләрнең исемлеге

購物清單

эш вакыты

開放時間

бумажник

錢包

кредит картасы

信用卡

букча

袋子

полиэтилен пакет

塑膠袋

су

水

сок

果汁

сөт

牛奶

кока-кола

可樂

шәраб

紅酒

сыра

啤酒

хәмер

酒

какао

可可

чәй

茶

кофе

咖啡

эспрессо

義式濃縮咖啡

капучино

卡布奇諾

банан

香蕉

алма

蘋果

әфлисун

柳丁

карбыз

西瓜

лимон

檸檬

кишер

胡蘿蔔

сарымсак

大蒜

бамбук

竹子

суган

洋蔥

гөмбә

蘑菇

чикләвекләр

堅果

токмач

麵條

спагетти

義大利麵

дөге

米飯

салат

沙拉

чипсы

薯條

кыздырылган бәрәңге

炸馬鈴薯

пицца

披薩餅

гамбургер

漢堡

сэндвич

三明治

котлет

炸豬排

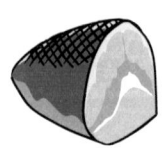

ветчина

火腿

салями

義大利臘腸

сосиска

香腸

тавык

雞肉

кыздырма

烤肉

балык

魚

солы кисәкләре

燕麥片

мюсли

木斯里

кукуруз кисәкләре

玉米片

он

麵粉

круассан

牛角麵包

булка

麵包捲

икмәк

麵包

тост

吐司

печенье

餅乾

май

奶油

эремчек

凝乳

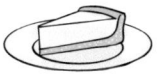

пирог

蛋糕

йомырка

蛋

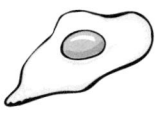

йомырка тәбәсе

煎蛋

сыр

起司

азык - 食物　　25

туңдырма

冰淇淋

шикәр

糖

бал

蜂蜜

кайнатма

果醬

шоколадлы паста

巧克力醬

карри

咖哩

ферма
農場

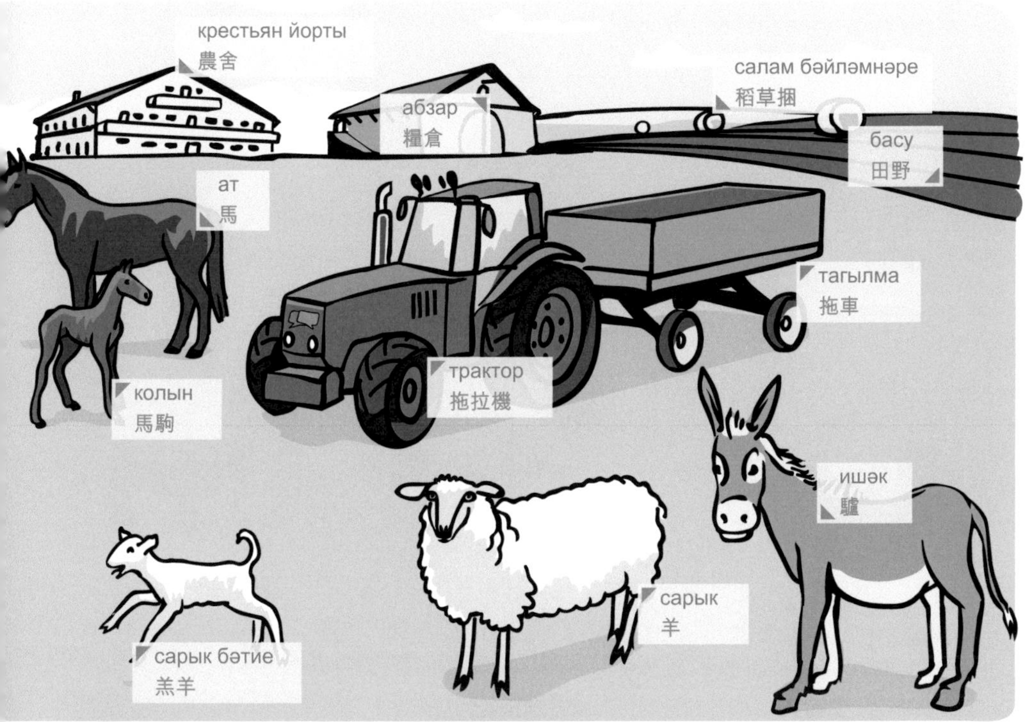

крестьян йорты
農舍
абзар
糧倉
салам бәйләмнәре
稻草捆
басу
田野
ат
馬
тагылма
拖車
трактор
拖拉機
колын
馬駒
ишәк
驢
сарык
羊
сарык бәтие
羔羊

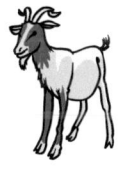

кәҗә
山羊

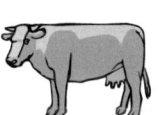

сыер
奶牛

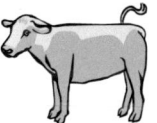

бозау
小牛

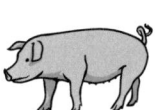

дуңгыз
豬

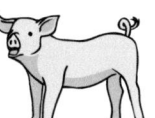

дуңгыз баласы
小豬

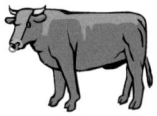

үгез
公牛

каз

鵝

үрдәк

鴨

чеби

小雞

тавык

母雞

әтәч

公雞

күсе

鼠

песи

貓

тычкан

老鼠

эш үгезе

牛

эт

狗

эт оясы

狗屋

бакча шлангысы

花園澆水軟管

сусипкеч

澆水壺

чалгы

長柄大鐮刀

сабан

犁

урак
鐮刀

китмән
鋤頭

тирес сәнәге
長柄草耙

балта
斧頭

кул арбасы
獨輪手推車

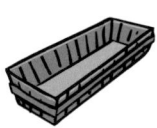

тагарак
飼料槽

сөт өчен бидон
牛奶罐

капчык
麻布袋

койма
柵欄

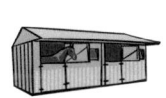

абзар
馬廄

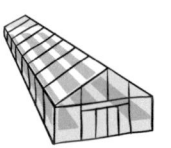

теплица
溫室

туфрак
土壤

чәчү
種子

ашлама
肥料

комбайн
聯合收割機

уңыш җыю

收割

уңыш

收割

ямса

地瓜

бодай

小麥

соя

大豆

бәрәңге

土豆

кукуруз

玉米

рапс

油菜籽

җимеш агачы

果樹

маниок

樹薯

иген

穀物

йорт
房子

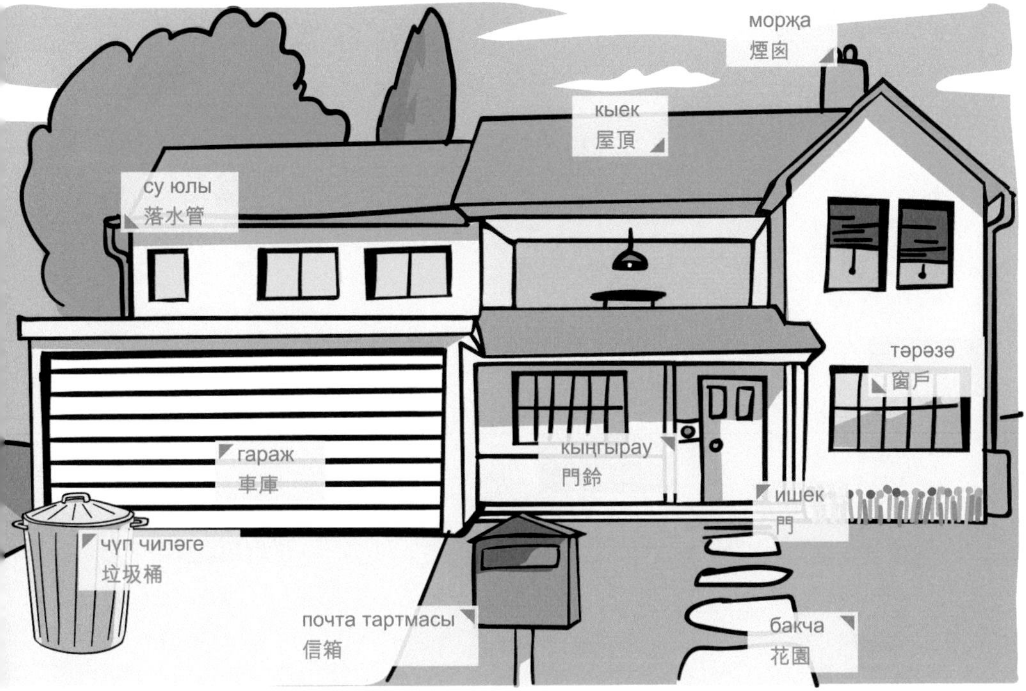
морҗа
煙囪
кыек
屋頂
су юлы
落水管
тәрәзә
窗戶
гараж
車庫
кыңгырау
門鈴
ишек
門
чүп чиләге
垃圾桶
почта тартмасы
信箱
бакча
花園

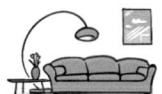

кунак бүлмәсе

客廳

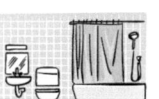

ванна бүлмәсе

浴室

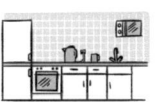

аш бүлмәсе

廚房

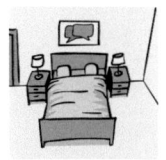

йокы бүлмәсе

臥室

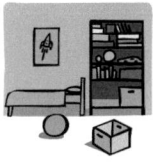

балалар бүлмәсе

兒童房

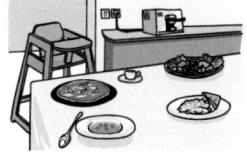

ашханә

餐廳

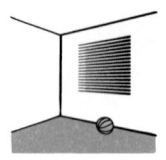

идән

地板

дивар

牆壁

түшәм

天花板

баз

地窖

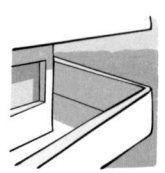

сауна

三溫暖

балкон

陽臺

терраса

露臺

бассейн

游泳池

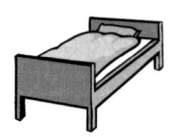

газон чапкыч

割草機

юрган аслыгы

被單

япма

床罩

карават

床

себерке

掃帚

чиләк

水桶

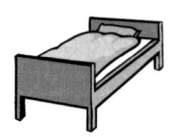

сүндергеч

開關

кунак бүлмәсе

客廳

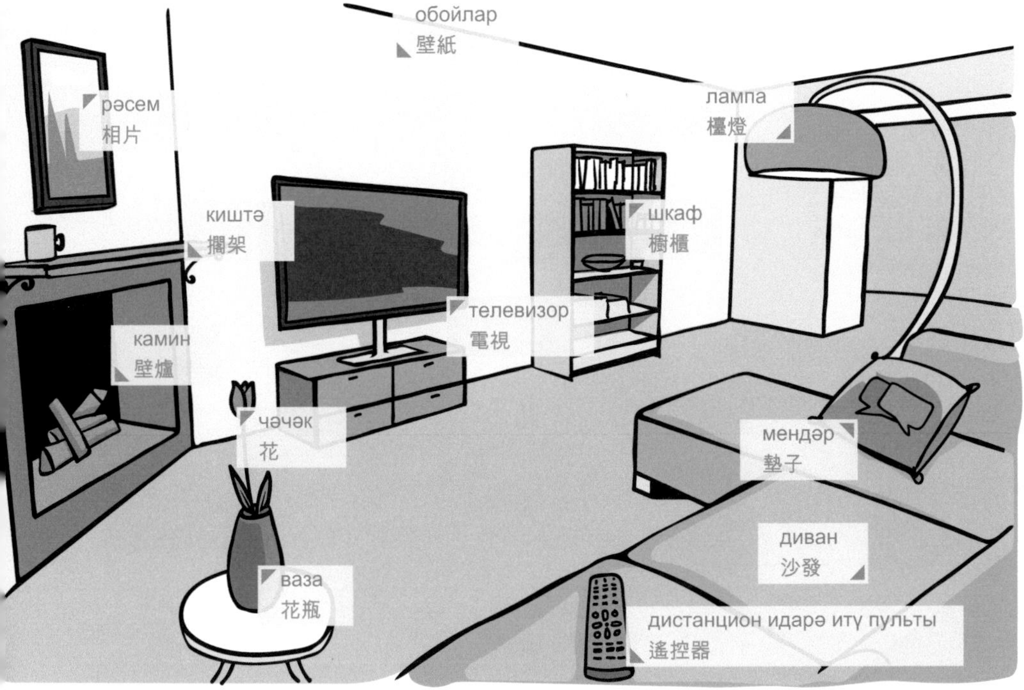

обойлар
壁紙
рәсем
相片
лампа
檯燈
киштә
擱架
шкаф
櫥櫃
телевизор
電視
камин
壁爐
чәчәк
花
мендәр
墊子
диван
沙發
ваза
花瓶
дистанцион идарә итү пульты
遙控器

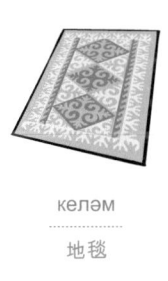

келәм

地毯

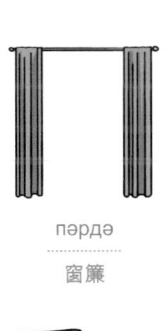

пәрдә

窗簾

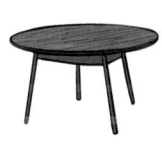

өстәл

餐桌

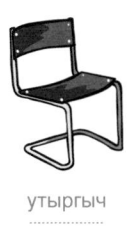

утыргыч

椅子

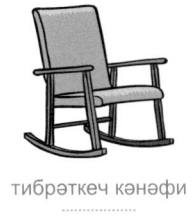

тибрәткеч кәнәфи

搖椅

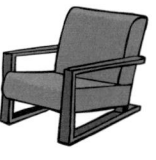

кәнәфи

扶手椅

китап

書

япма

毯子

бизәк

裝飾品

утын

木柴

фильм

電影

стереосистема

高傳真音響

ачкыч

鑰匙

газета

報紙

картина

油畫

плакат

海報

радио

收音機

блокнот

筆記本

тузан суыргыч

吸塵器

кактус

仙人掌

шәм

蠟燭

аш бүлмәсе

廚房

суыткыч
冰箱
микродулкынлы мич
微波爐
ашханә үлчәве
廚房秤
тостер
烤麵包機
юу әйбере
洗潔精
духовка
烤箱
туңдыргыч
冰櫃
чүп чиләге
垃圾桶
савыт-саба юу машинасы
洗碗機

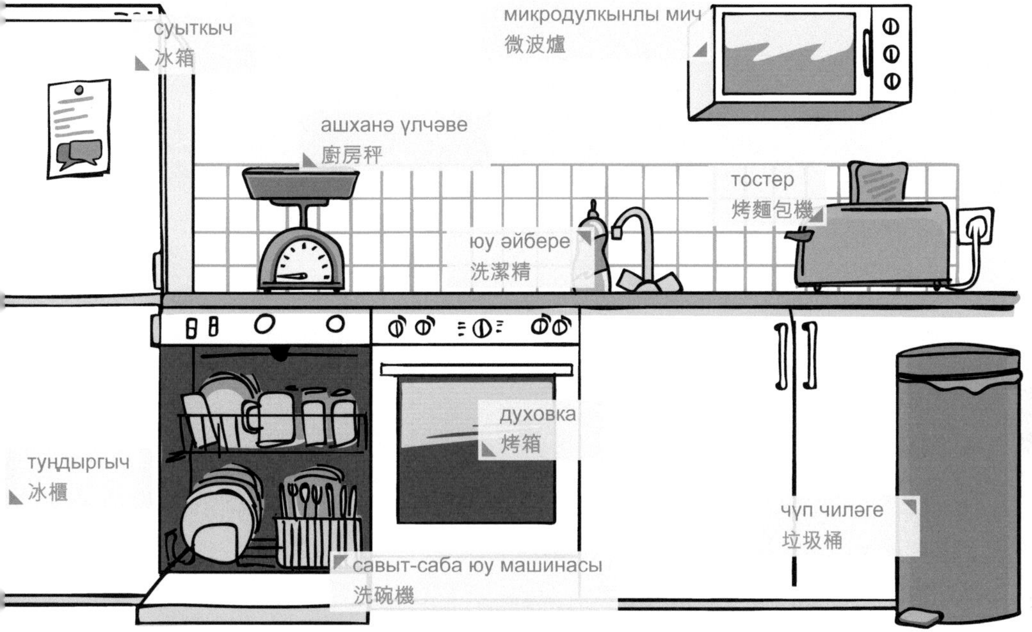

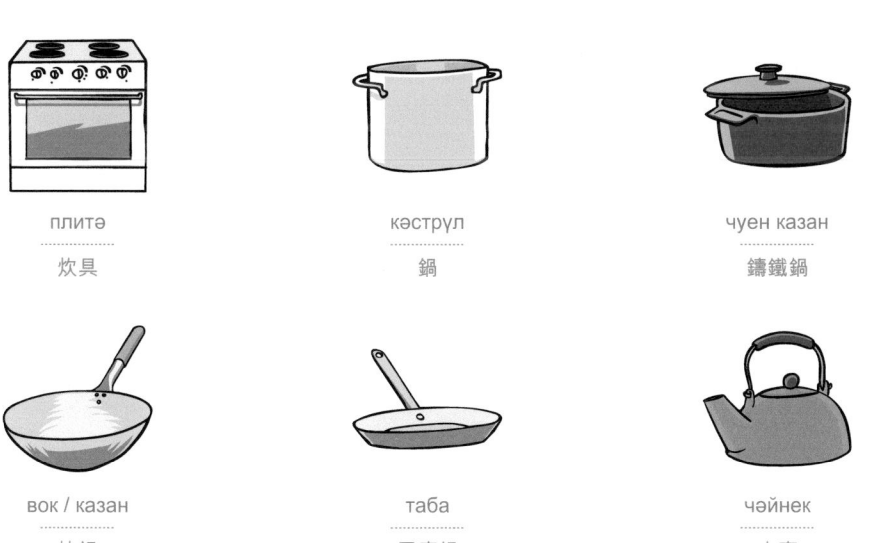

плитә

炊具

кәстрүл

鍋

чуен казан

鑄鐵鍋

вок / казан

炒鍋

таба

平底鍋

чәйнек

水壺

парда пешергеч

蒸鍋

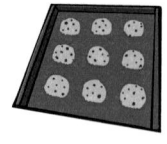

калай таба

烤盤

савыт-саба

陶瓷鍋

кружка

馬克杯

җамаяк

碗

таякчык

筷子

аш чүмече

長柄勺

лопатка

鏟子

туглауыч

攪拌器

иләк

濾網

иләк

篩子

кыргыч

磨碎機

төйгеч

研缽

гриль

燒烤

учак

明火

такта

菜板

уклау

擀麵杖

бөке суыргыч

開瓶器

калай банк

罐子

консерв ачу өчен пычак

開罐器

эләктергеч

隔熱手套

раковина

水槽

щётка

刷子

губка

海綿

миксер

攪拌機

туңдыру камерасы

冷藏箱

ашату өчен шешә

奶瓶

кран

水龍頭

ванна бүлмәсе

浴室

жылыту
供暖裝置
сөлге
毛巾
душ
淋浴
душ пәрдәсе
浴簾
күбекле ванна
泡沫浴
ванна
浴缸
стакан
玻璃杯
кер юу машинасы
洗衣機
кран
水龍頭
плитка
瓷磚
чүлмәк
便壺
раковина
水槽

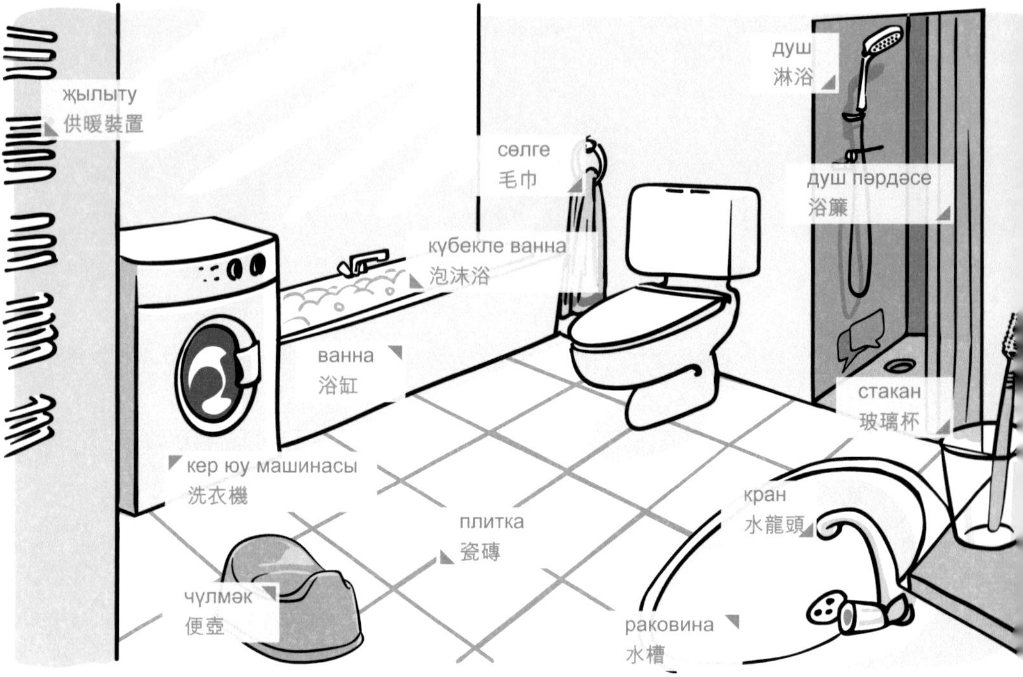

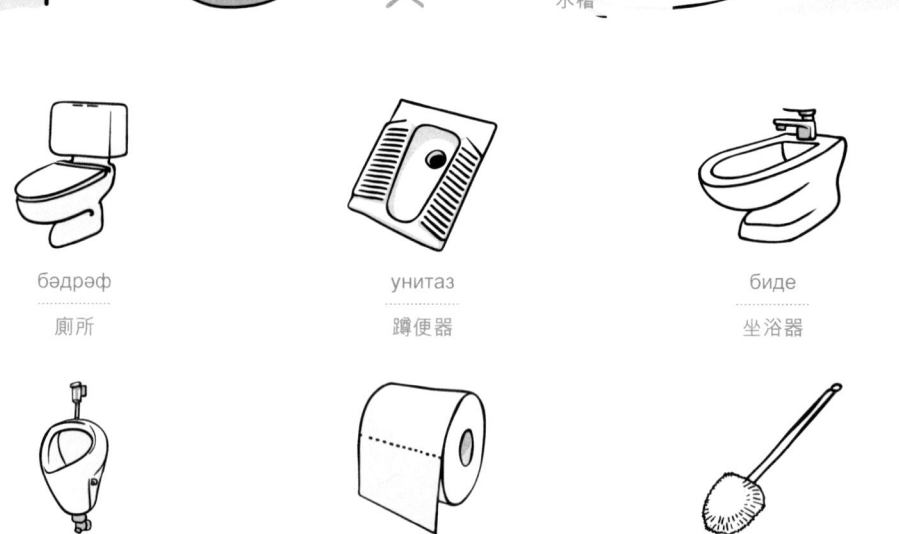

бәдрәф

廁所

унитаз

蹲便器

биде

坐浴器

писсуар

小便斗

бәдрәф кәгазе

廁紙

керпе кебек чистарткыч

馬桶刷

теш щеткасы

牙刷

теш пастасы

牙膏

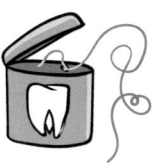

теш җебе

牙線

юу

洗

кул душы

手持式蓮蓬頭

душ

沖洗器

оча сөяге

洗臉盆

аврка өчен щетка

洗背刷

сабын

肥皂

душ өчен гель

沐浴露

шампунь

洗髮乳

мунчала

法蘭絨

агым

排水

крем

乳霜

дезодорант

除臭劑

ванна бүлмәсе - 浴室

көзге

鏡子

кул көзгесе

手鏡

пәке

刮鬍刀

кырыну өчен күбек

刮鬍泡沫

Кырынаганнан соң
кулланыла торган лосьон

鬍後水

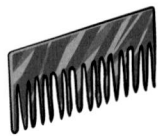

тарак

梳子

щётка

刷子

фен

吹風機

чәчләр лагы

噴髮定型劑

косметика

化妝品

ирен буявы

唇膏

тырнаклар лагы

指甲油

мамык

化妝棉

маникюр кайчысы

指甲剪

хушбуй

香水

косметика савыты

洗漱包

урындык

凳子

үлчәү

計重秤

халат

浴袍

резин перчаткалар

橡膠手套

тампон

衛生棉條

гигиена жәймәсе

衛生棉

биотуалет

化學廁所

балалар бүлмәсе

兒童房

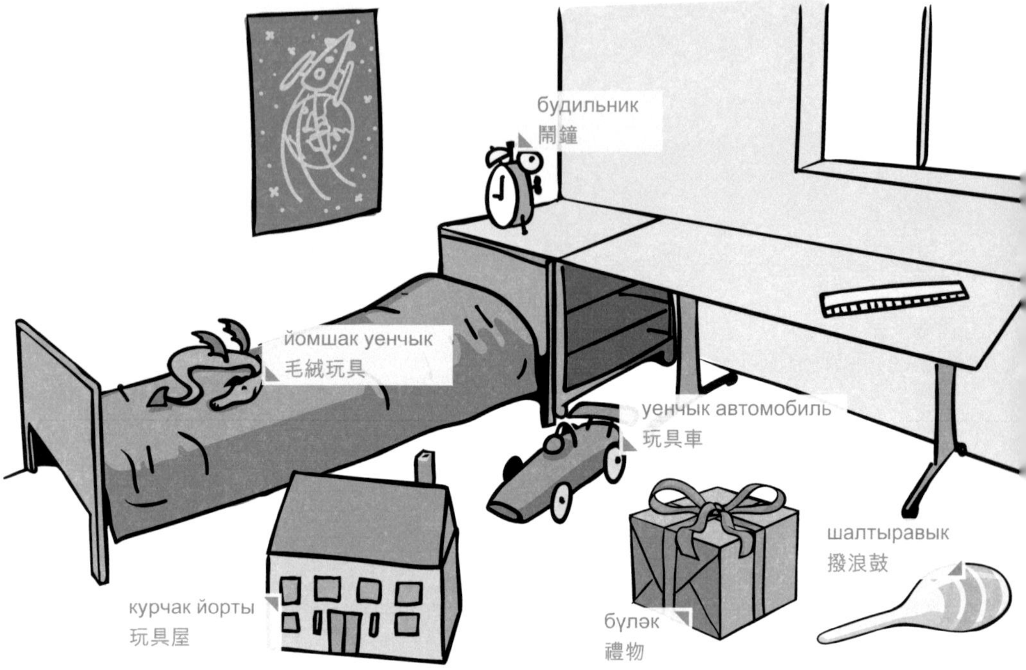

будильник
鬧鐘
йомшак уенчык
毛絨玩具
уенчык автомобиль
玩具車
шалтыравык
撥浪鼓
курчак йорты
玩具屋
бүләк
禮物

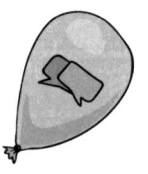

һава шары

氣球

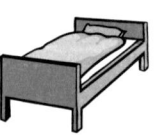

карават

床

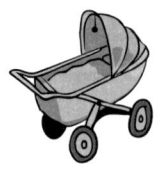

балалар коляскасы

嬰兒車

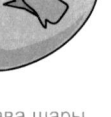

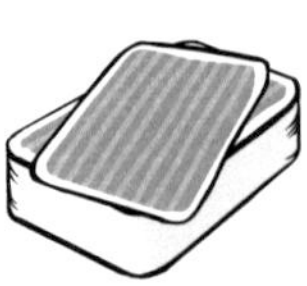

кәрт уены

撲克牌

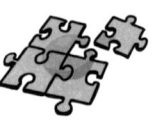

пазл

拼圖

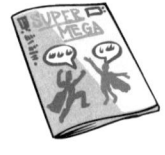

комикс

漫畫

Лего кирпечекләре

樂高積木

шакмак

積木玩具

уенчык

公仔

ползунки

嬰兒服

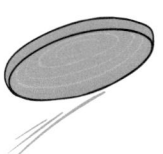

фрисби

飛盤

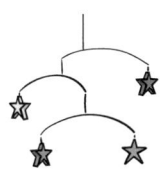

мобиль

床鈴玩具

өстәл уены

棋盤遊戲

шакмак

骰子

тимер юл моделе

火車模型

имезлек

安撫奶嘴

кичә

派對

рәсемнәр белән бизәлгән китап

繪本

туп

球

курчак

洋娃娃

уйнау

玩

комлык

沙坑

таган

鞦韆

уенчык

玩具

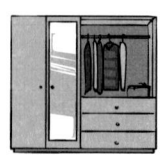

уен приставкасы

電玩遊戲

өч көпчәкле велосипед

三輪車

плюш аю

泰迪熊

кием-салым шкафы

衣櫃

кием

衣服

оекбаш

襪子

оек

長襪

колготки

緊身褲

шарф
圍巾

зонт
雨傘

футболка
T恤

каеш
皮帶

итек
靴子

тапки
拖鞋

кроссовки
運動鞋

сандаллар
涼鞋

ботинкалар
鞋

резин итекләр
雨靴

трусик
內褲

бюстгальтер
胸罩

майка
背心

боди

身體

чалбар

褲子

джинсы

牛仔褲

итәк

短裙

блузка

女式襯衫

күлмәк

襯衫

свитер

套頭衫

свитер

連帽上衣

спорт курткасы

西裝夾克

жакет

夾克

пәлтә

外套

плащ

雨衣

костюм

套裝

күлмәк

連衣裙

туй күлмәге

婚紗

ирләр костюмы

西裝

төнге эчке күлмәк

睡袍

пижама

睡衣

сари

莎麗

яулык

頭巾

чалма

包頭巾

пәрәнҗә

波卡

кафтан

卡夫坦

абайя

(阿拉伯式)長袍

коену костюмы

泳衣

плавки

男式泳褲

шорт

短褲

спорт костюмы

運動服

алъяпкыч

圍裙

перчаткалар

手套

төймә

鈕扣

күзлек

眼鏡

беләзек

手鏈

чылбыр

項鍊

балдак

戒指

алка

耳環

бүрек

便帽

элгеч

衣架

эшләпә

帽子

галстук

領帶

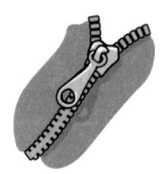

молния каптырмасы

拉鍊

каска

安全帽

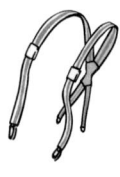

подтяжка

背帶

мәктәп формасы

校服

форма

制服

балалар күкрәкчәсе

圍兜

имезлек

安撫奶嘴

подгузник

尿布

офис
辦公室

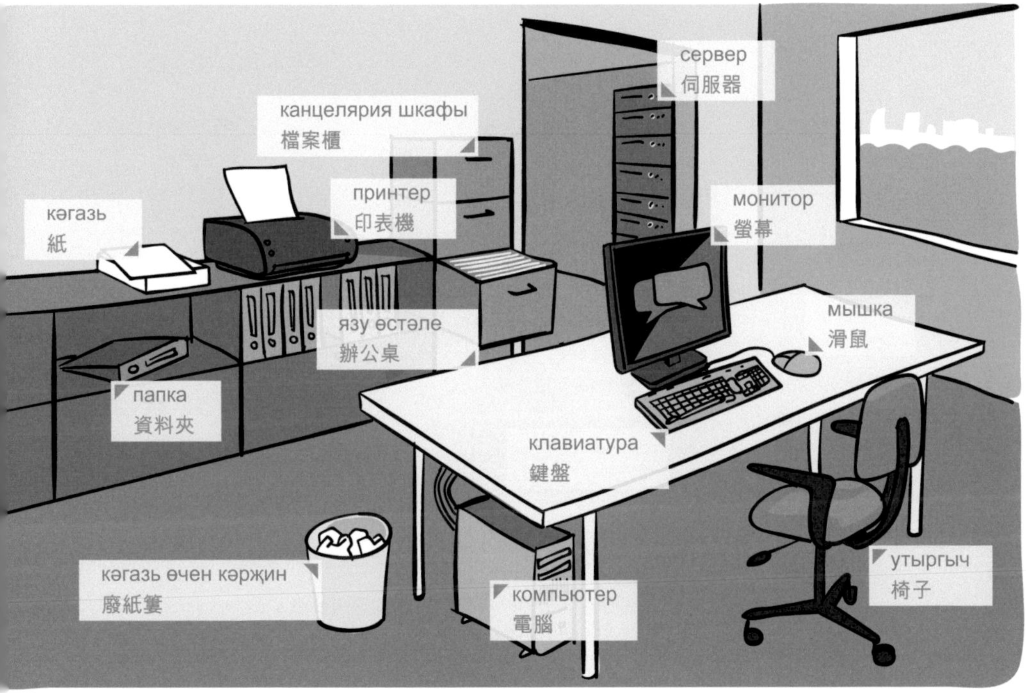

сервер
伺服器

канцелярия шкафы
檔案櫃

принтер
印表機

монитор
螢幕

кәгазь
紙

язу өстәле
辦公桌

мышка
滑鼠

папка
資料夾

клавиатура
鍵盤

кәгазь өчен кәрҗин
廢紙簍

утыргыч
椅子

компьютер
電腦

кофе кружкасы

咖啡杯

калькулятор

計算機

интернет

網際網路

ноутбук

筆記型電腦

хат

信件

хәбәр

簡訊

кесә телефоны

行動電話

челтәр

網路

ксерокс

影印機

программа

軟體

телефон

電話

розетка

插座

факс

傳真機

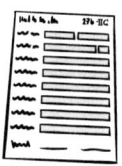

формуляр

表格

документ

檔案

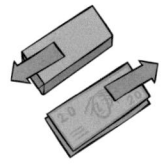

сатып алу

買

түләү

付錢

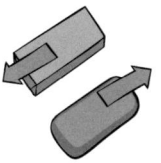

сәүдә

交易

акча

現金

доллар

美元

евро

歐元

иена

日元

сум

盧布

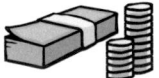

франк

瑞士法郎

жэньминьби юань

人民幣

рупия

盧比

банкомат

提款處

валюта алмаштыру пункты

外幣兌換處

алтын

金

көмеш

銀

җир мае

石油

энергия

能源

бәя

價格

килешү

合約

салым

稅金

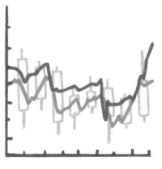

акция

股票

эш

工作

эшче

職員

эш бирүче

老闆

фабрика

工廠

кибет

商店

профессияләр

職業

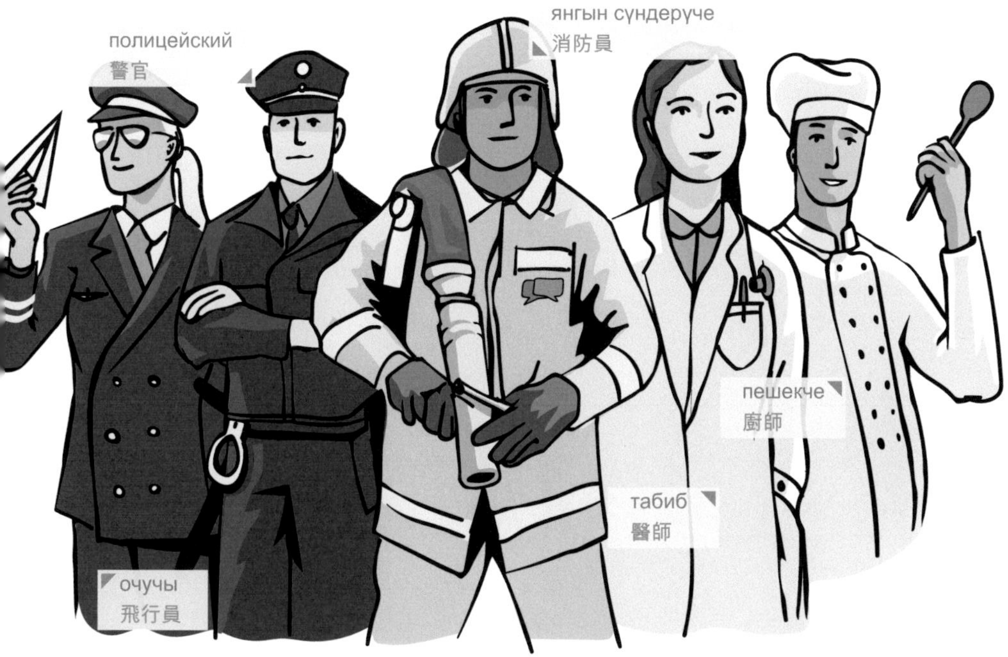

янгын сүндерүче
消防員
полицейский
警官
пешекче
廚師
табиб
醫師
очучы
飛行員

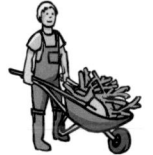

бакчачы

園丁

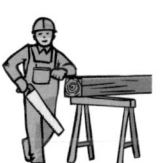

агач остасы

木匠

тегүче

裁縫

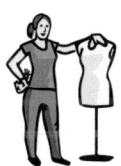

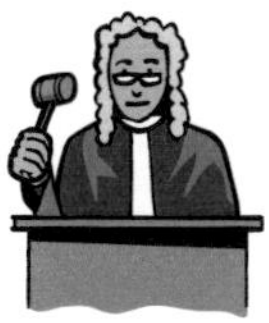

хаким

法官

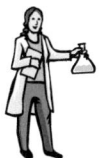

химик

化學家

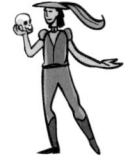

актер

演員

автобус йөртүче

公車司機

таксист

計程車司機

балыкчы

漁夫

җыештыручы хатын

清洗女工

түбә ябучы

屋頂工

официант

服務生

аучы

獵人

рәссам

畫家

пешекче

麵包師

электрик

電工

төзүче

建築工人

инженер

工程師

итче

屠夫

сантехник

水管工

хат ташучы

郵差

солдат

士兵

архитектор

建築師

кассир

收銀員

чәчәкче

花農

парикмахер

理髮師

кондуктор

售票員

механик

機械技師

капитан

船長

теш табибы

牙醫

галим

科學家

раввин

拉比

имам

伊瑪目

монах

和尚

рухани

牧師

кораллар

工具

плоскогубцы
鉗子
чүкеч
鐵鍾
отвертка
螺絲起子
кесә фонаре
手電筒
гайкалы ачкыч
扳手

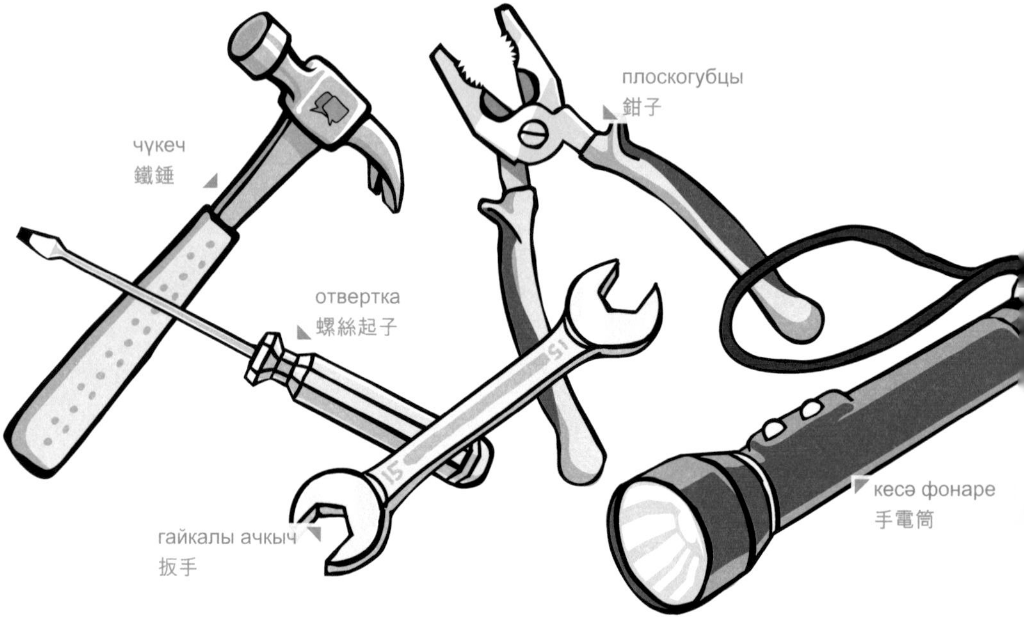

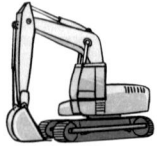

экскаватор

挖掘機

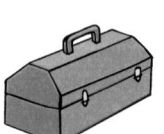

инструментлар өчен тартма

工具箱

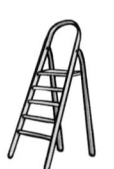

баскыч

梯子

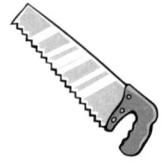

пычкы

鋸子

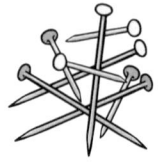

кадаклар

釘子

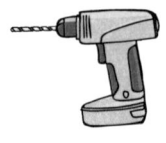

дрель

鑽機

төзәтү
修

көрәк
鏟子

Шайтан алгыры!
糟糕！

соскы
畚箕

савытлы буяу
油漆桶

винтлар
螺絲

музыкаль инструментлар
樂器

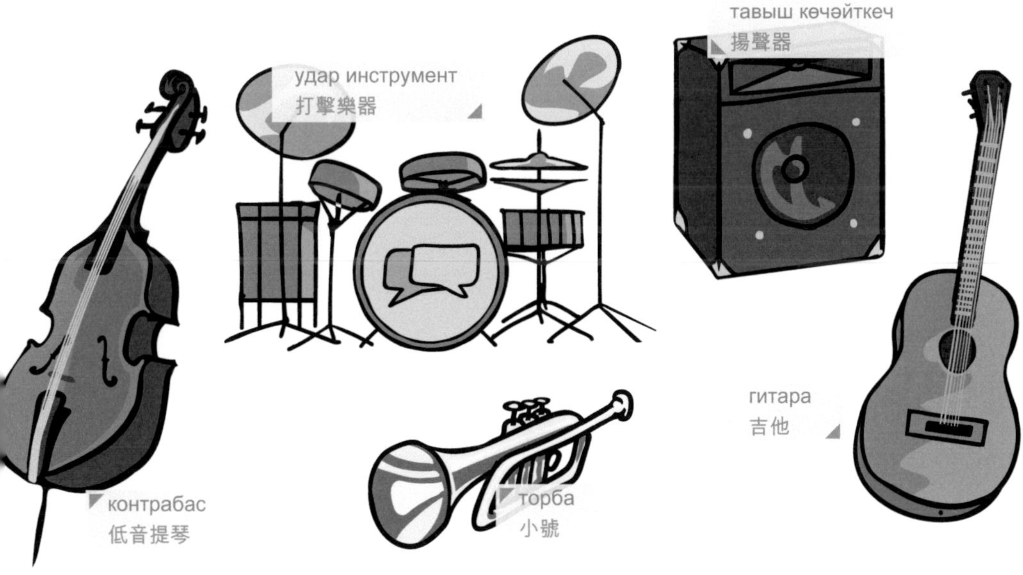

удар инструмент
打擊樂器

тавыш көчәйткеч
揚聲器

гитара
吉他

контрабас
低音提琴

торба
小號

пианино

鋼琴

скрипка

小提琴

бас-гитара

貝斯

литавра

定音鼓

барабан

鼓

синтезатор

電子琴

саксофон

薩克斯風

флейта

長笛

микрофон

麥克風

зоопарк

動物園

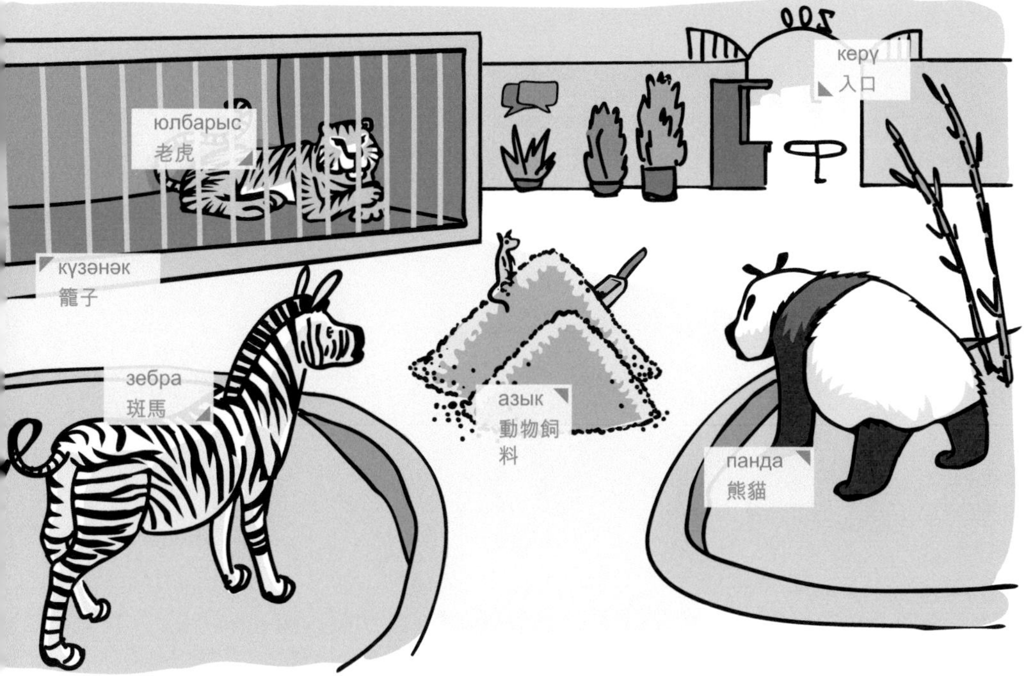

200
керү
入口
юлбарыс
老虎
күзәнәк
籠子
зебра
斑馬
азык
動物飼料
панда
熊貓

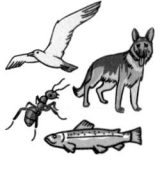

хайваннар

動物

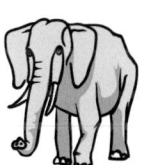

фил

大象

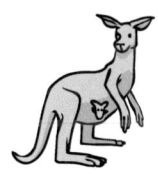

көнгерә

袋鼠

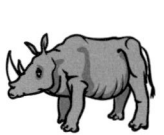

мөгезборын

犀牛

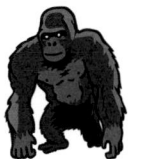

горилла

大猩猩

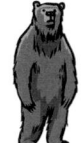

аю

熊

дөя

駱駝

тәвә кошы

鴕鳥

арыслан

獅子

маймыл

猴子

фламинго

紅鶴

тутый кош

鸚鵡

ак аю

北極熊

пингвин

企鵝

акула

鯊魚

тавис

孔雀

елан

蛇

крокодил

鱷魚

зоопарк хезмәткәре

動物園管理員

тюлень

海豹

ягуар

美洲豹

пони

矮種馬

каплан

豹

су үгезе

河馬

жираф

長頸鹿

бөркет

老鷹

кабан дуңгызы

野豬

балык

魚

ташбака

龜

морж

海象

төлке

狐狸

газәл

羚羊

америка футболы
橄欖球

велосипедта йөрү
騎腳踏車

теннис
網球

баскетбол
籃球

йөзү
游泳

бокс
拳擊

хоккей
冰球

футбол

美式足球

бадминтон

羽毛球

җиңел атлетика

田徑

гандбол

手球

чаңгы спорты

滑雪

поло

馬球

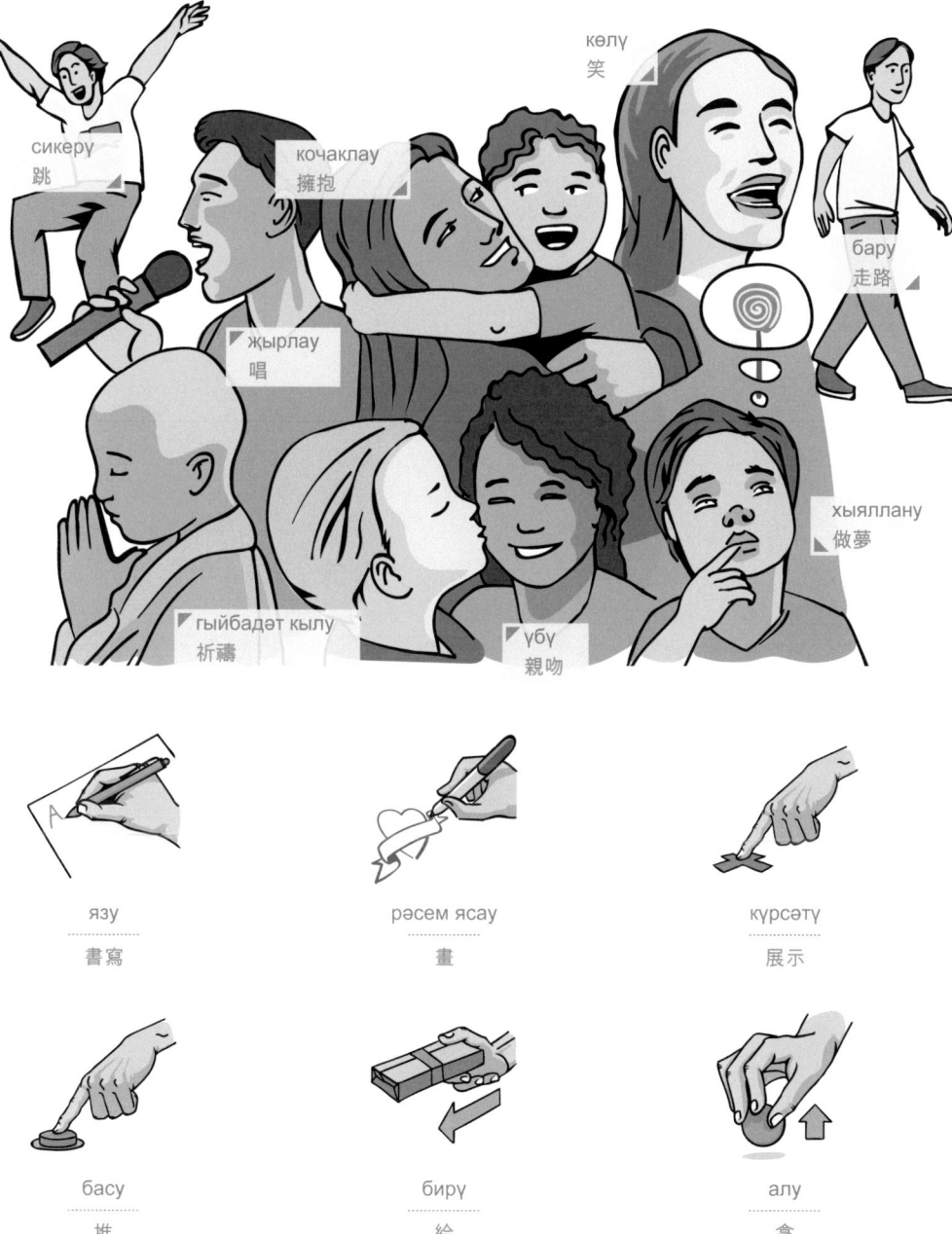

köлü
笑

сикерү
跳

кочаклау
擁抱

бару
走路

җырлау
唱

хыяллану
做夢

гыйбадәт кылу
祈禱

үбү
親吻

язу
書寫

рәсем ясау
畫

күрсәтү
展示

басу
推

бирү
給

алу
拿

үзеңдә булдыру

有

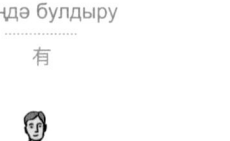

эшләү

做

булу

當

басып тору

站

йөгерү

跑

тарту

拉

ташлау

丟

егылу

摔倒

яту

躺

көтү

等待

йөртү

攜帶

утыру

坐

кию

穿衣

йоклау

睡覺

уяну

醒來

хәрәкәт - 活動

карау

看

елау

哭

үтекләү

擊

тарау

梳頭

әйтү

交談

аңлау

明白

сорау

問

тыңлау

聽

эчү

喝

ашау

吃

тәртипкә китерү

清理

сөю

愛

әзерләү

做飯

машинада бару

開車

очу

飛

Җилкәндә йөрү

航行

исәпләү

計算

уку

讀

уку

學習

эш

工作

никахлашу

結婚

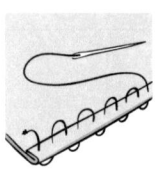

тегү

縫

тешләрне чистарту

刷牙

үтерү

殺

тәмәке тарту

抽菸

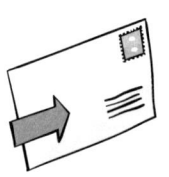

җибәрү

寄

әби
祖母

бабай
祖父

әти
父親

әни
母親

сабый
嬰兒

кыз
女兒

ул
兒子

кунак

客人

түти

阿姨

абый

叔叔

кардәш

兄弟

апа

姐妹

тән

身體

маңгай
前額
күз
眼睛
бит
臉
ияк
下巴
күкрәк
乳房
бармак
手指
кул чугы
手
кул
手臂
кулбаш
肩膀
аяк
腿

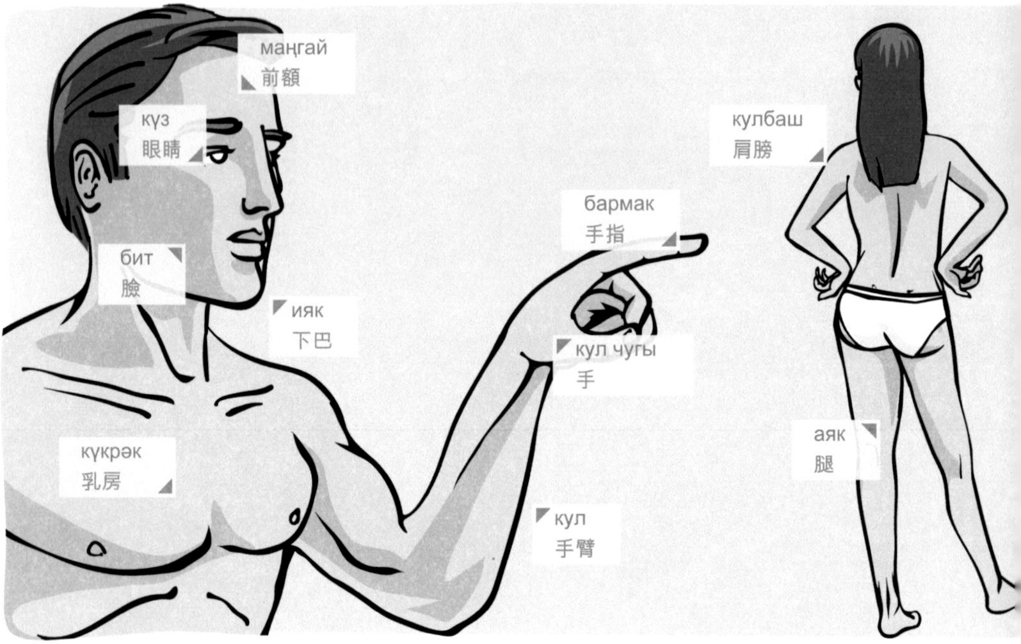

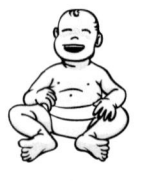

сабый

嬰兒

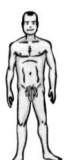

ир

男人

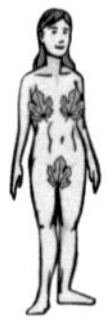

хатын

女人

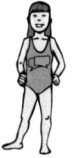

кыз

女孩

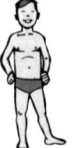

малай

男孩

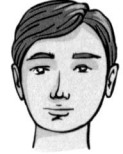

баш

頭

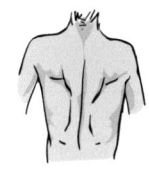

арка

背部

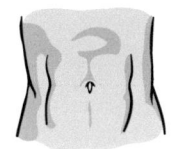

эч

肚子

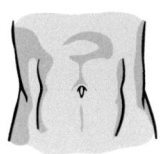

кендек

肚臍

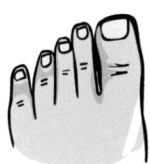

аяк бармагы

腳趾

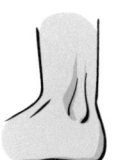

үкчә

腳後跟

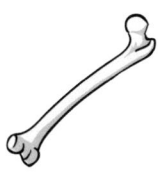

сөяк

骨頭

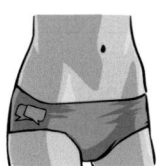

бот

臀部

тез

膝蓋

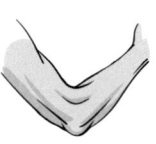

терсәк

手肘

борын

鼻子

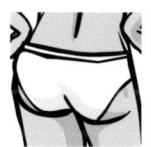

арт сан

屁股

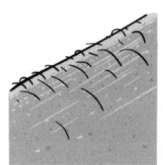

тире

皮膚

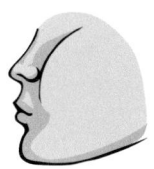

яңак

臉頰

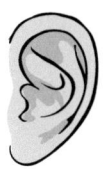

колак

耳朵

ирен

嘴唇

тән - 身體

авыз

嘴

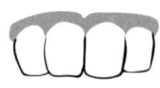

теш

牙齒

тел

舌頭

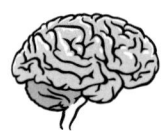

ми

腦

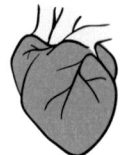

йөрәк

心臟

мускул

肌肉

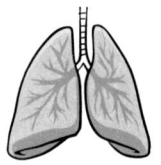

үпкәләр

肺

бавыр

肝臟

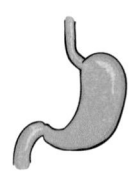

ашказан

胃

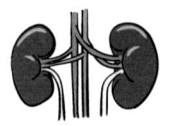

бөерләр

腎臟

җенси акт

性交

презерватив

保險套

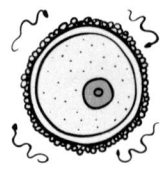

күкәйлек

卵子

сперма

精子

көмәнлек

懷孕

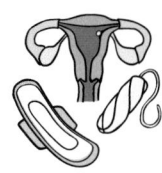

күрем

月事

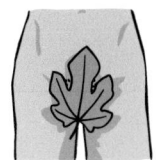

вагина

陰道

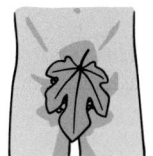

пенис

陰莖

каш

眉毛

чәчләр

頭髮

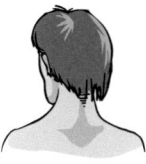

муен

脖子

хастаханә
醫院

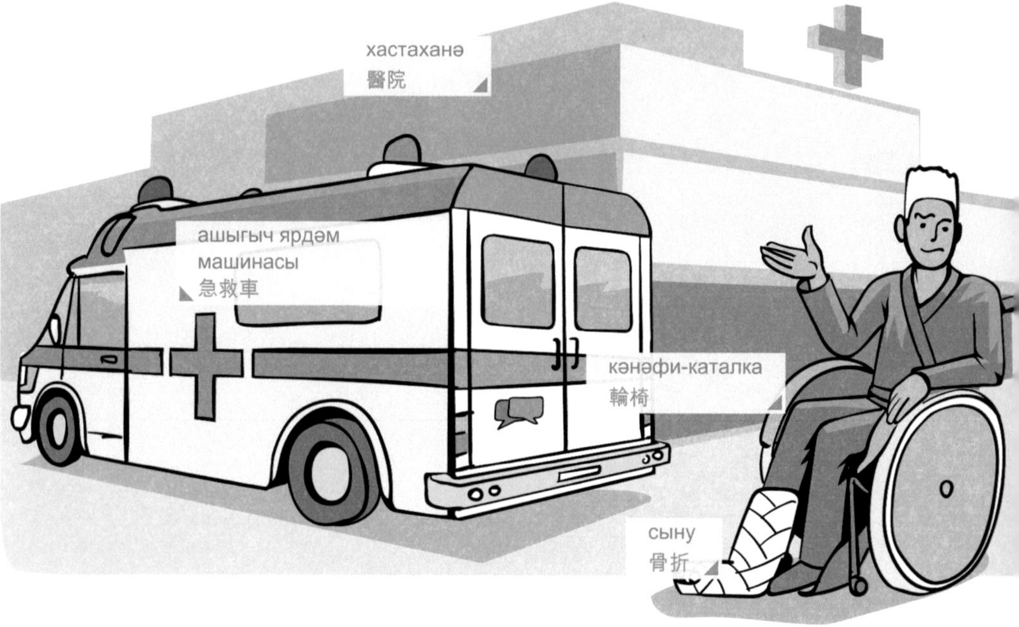

хастаханә
醫院
ашыгыч ярдәм
машинасы
急救車
кәнәфи-каталка
輪椅
сыну
骨折

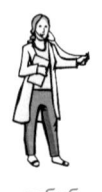

табиб
醫師

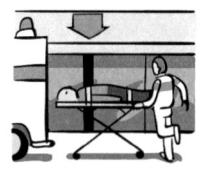

беренче ярдәм пункты
急診室

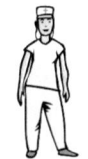

шәфкать туташы
護理師

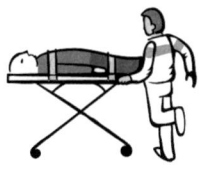

кичектергесез хәл
緊急情形

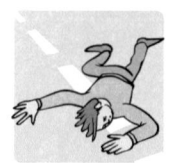

аңсыз
昏迷

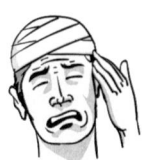

авырту
痛

зыян килү

受傷

кан агу

出血

инфаркт

心臟病發作

инсульт

中風

аллергия

過敏

ютәл

咳嗽

югары температура

發燒

грипп

流感

эч киту

腹瀉

баш авырту

頭痛

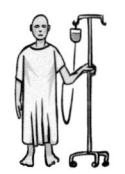

кысла

癌症

диабет

糖尿病

хирург

外科醫師

скальпель

手術刀

операция

手術

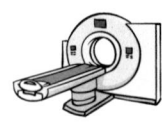

KT

電腦斷層掃描

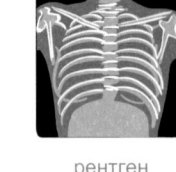

рентген

X光

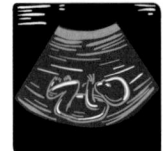

ультратавыш

超音波

битлек

口罩

авыру

疾病

кабул итү бүлмәсе

候診室

култык таягы

拐杖

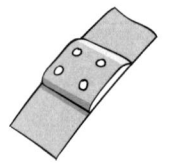

пластырь

石膏

бинт

繃帶

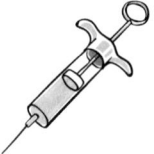

укол кадау

注射

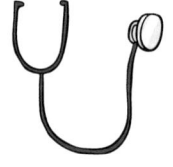

стетоскоп

聽診器

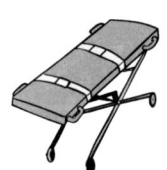

носилки

擔架

термометр

體溫計

туу

出生

артык авырлык

超重

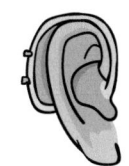

колак аппараты

助聽器

йогышсызландыру чарасы

消毒液

инфекция

感染

вирус

病毒

ВИЧ / СПИД

愛滋病

дару

藥物

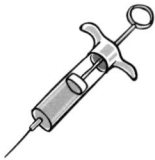

прививка

接種疫苗

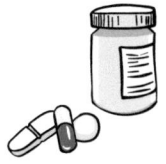

таблеткалар

藥片

балага узмас өчен таблетка

藥丸

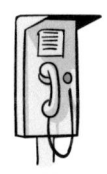

ашыгыч чакыру

急救電話

кан басымын үлчәү өчен прибор

血壓計

авыру / сәламәт

生病/健康

тревога сигналы

警報

Ярдәм итегез!

救命！

һөҗүм иту

突擊

һөҗүм

攻擊

куркыныч

危險

запас чыгу урыны

緊急出口

Янгын!

失火了！

ут сүндергеч

滅火器

каза

意外

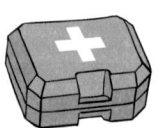

даруханә

急救箱

SOS

呼救訊號

полиция

員警

Европа

歐洲

Төньяк Америка

北美洲

Көньяк Америка

南美洲

Африка

非洲

Азия

亞洲

Австралия

澳洲

Атлантик океан

大西洋

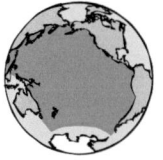

Тын океан

太平洋

Һинд океаны

印度洋

Антарктик океан

南冰洋

Төньяк Боз океаны

北冰洋

Төньяк полюс

北極

Көньяк полюс

南極

Антарктика

南極洲

җир

地球

коры җир

陸地

диңгез

海

утрау

島

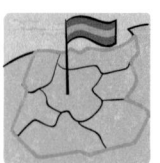

милләт

國家

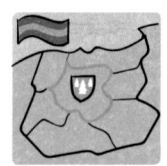

дәүләт

州

сәгать циферблаты

錶盤

сәгать угы

時針

минут угы

分針

секунд угы

秒針

Әле сәгать ничә?

現在幾點？

көн

天

вакыт

時間

хәзер

現在

электрон сәгать

電子錶

минут

分

сәгать

時

душәмбе
週一

сишәмбе
週二

чәршәмбе
週三

пәнҗешәмбе
週四

жомга
週五

шимбә
週六

якшәмбе
週日

кичә
昨天

бүген
今天

иртәгә
明天

иртә
早晨

төш
中午

кич
晚上

эш көннәре
工作日

ял көннәре
週末

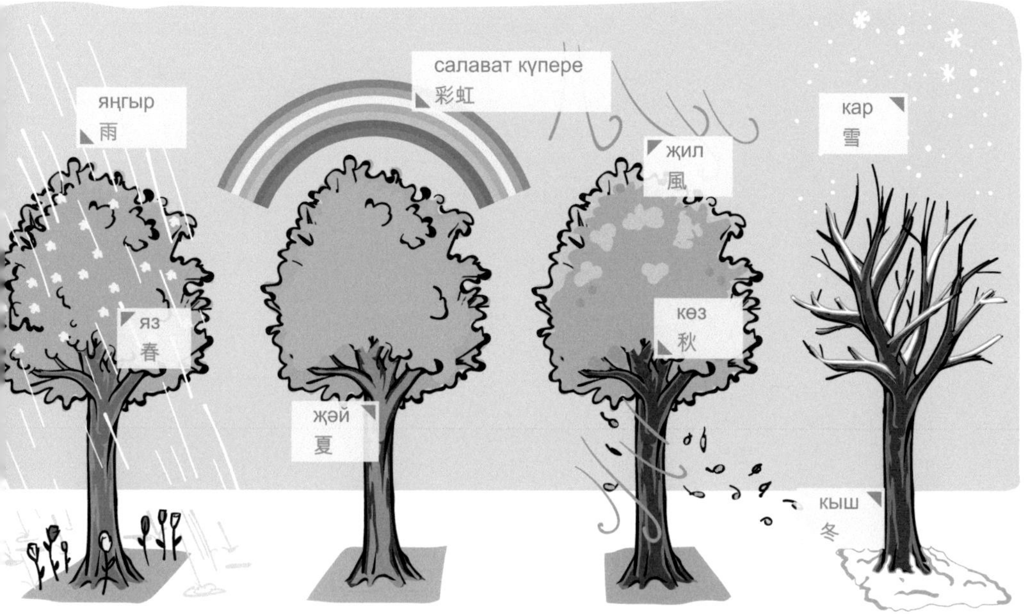

яңгыр
▶ 雨

салават күпере
彩虹

кар
雪

җил
風

яз
春

көз
秋

җәй
夏

кыш
冬

һава торышы

天氣預告

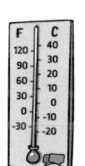

термометр

溫度計

кояш яктысы

陽光

болыт

雲

томан

霧

дымлылык

潮濕

яшен

閃電

күк күкрәү

打雷

давыл

風暴

боз

冰雹

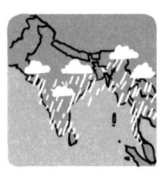

муссон

季風

су басу

洪水

боз

冰

гыйнвар

一月

февраль

二月

март

三月

апрель

四月

май

五月

июнь

六月

июль

七月

август

八月

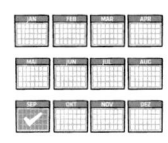

сентябрь

九月

октябрь

十月

ноябрь

十一月

декабрь

十二月

формалар
形狀

божра

圓形

квадрат

正方形

турыпочмак

長方形

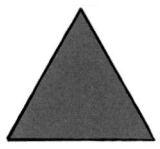

өчпочмак

三角形

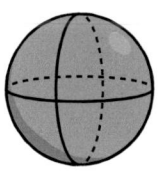

шар

球體

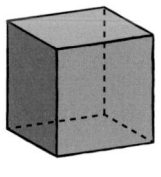

куб

立方體

ак

白

сары

黃

кызгылт сары

橙

ал

粉

кызыл

紅

шәмәхә

紫

зәңгәр

藍

яшел

綠

көрән

棕

соры

灰

кара

黑

күп / аз

很多/少許

усал / тыныч

生氣/平靜

матур / ямьсез

美/醜

башы / ахыры

首/尾

зур / кечкенә

大/小

якты / караңгы

明/暗

абый / эне

兄弟/姐妹

чиста / пычрак

乾淨/骯髒

тулы / тулы түгел

完整/缺失

көн / төн

白天/晚上

үле / тере

死/生

киң / тар

寬/窄

ашарга яраклы / ашарга
яраксыз

可食用/非食用

явыз / яхшы

邪惡/善良

дулкынланган / сагынган

興奮/無聊

юан / ябык

胖/瘦

башта / азакта

第一/最後

дус / дошман

朋友/敵人

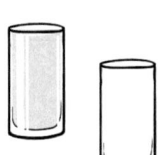

тулы / буш

滿/空

каты / йомшак

硬/軟

авыр / җиңел

重/輕

ачлык / сусау

餓/渴

авыру / сәламәт

生病/健康

хокуксыз / хокуклы

非法/合法

акыллы / акылсыз

聰明/愚笨

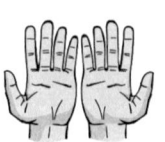

султан / уңнан

左/右

якын / ерак

近/遠

яңа / тотылган

新/舊

бер нәрсә дә / нәрсәдер

沒有/有些

өлкән / яшь

老/幼

тоташтырылган /
сүндерелгән

開/關

ачык / ябык

打開/闔上

әкрен / кычкырып

安靜/吵鬧

бай / ярлы

富/窮

дөрес / дөрес түгел

對/錯

кытыршы / шома

粗糙/光滑

моңсу / бәхетле

傷心/高興

кыска / озын

短/長

җай / тиз

慢/快

дымлы / коры

濕/乾

җылы / салкын

溫暖/涼爽

сугыш / тынычлык

戰爭/和平

0

ноль

零

1

бер

一

2

ике

二

3

өч

三

4

дүрт

四

5

биш

五

6

алты

六

7

җиде

七

8

сигез

八

9

тугыз

九

10

ун

十

11

унбер

十一

12	**13**	**14**
унике	унөч	ундүрт
十二	十三	十四

15	**16**	**17**
унбиш	уналты	унҗиде
十五	十六	十七

18	**19**	**20**
унсигез	унтугыз	егерме
十八	十九	二十

100	**1.000**	**1.000.000**
йөз	меҥ	миллион
百	千	百萬

инглизчə

英語

американча инглиз

美式英語

мандаринча Кытай

普通話

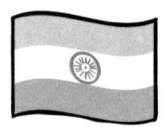

һинди

印地語

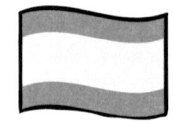

испан

西班牙語

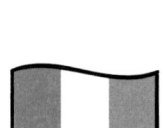

француз

法語

гарəп

阿拉伯語

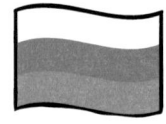

рус

俄語

португал

葡萄牙語

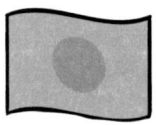

бенгал

孟加拉語

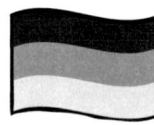

алман

德語

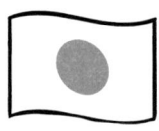

япон

日語

мин

我

син

你

ул / ул / ул

他/她/它

без

我們

сез

你們

алар

他們

кем?

誰？

нәрсә?

什麼？

ничек?

如何？

кайда?

何處？

кайчан?

何時？

исем

名字

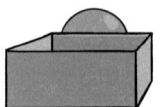

артта

後面

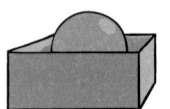

эчендә

裡面

алда

前面

өстендә

上方

өстенә

上面

астында

下麵

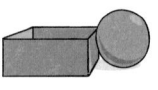

янәшә

旁邊

арасында

中間

урын

地點